Réflexions et Croquis

sur

L'ARCHITECTURE

au

PAYS de FRANCE

par Georges Wybo

Sur L'ARCHITECTURE AU PAYS DE FRANCE

Réflexions & Croquis

à Madame **EMMA GEORGES WYBO**

à Vous, dont la pensée
m'a chaque jour aidé dans mon travail,
je dédie ce petit livre.

G. W.

La Place ducale à Charleville

Réflexions et Croquis

sur

L'ARCHITECTURE

au

PAYS de FRANCE

par Georges Wybo

à Paris

chez Hachette & C⁰, 79, boulevard Saint-Germain

MCMXVIII

MAISON A HÉBUTERNE (ARTOIS)

Sur

L'ARCHITECTURE
AU PAYS DE FRANCE

AVANT-PROPOS

ARMI les villes, les villages, les hameaux de France qui viennent d'être en si grand nombre saccagés ou détruits, les uns seront reconstruits partiellement, d'autres en totalité, certains même seront rebâtis sur des emplacements nouvellement choisis.

Du nord à l'est de la France, des provinces entières doivent renaître sur des ruines; des villages, des villes, des cités industrielles, des forêts et des plaines fertiles, il ne reste que d'informes débris, des amoncellements de matériaux de toutes sortes recouvrant une terre elle-même creusée et bouleversée.

L'idée dominante de tous ceux qui, de près ou de loin, sont atteints dans leurs biens, est de retourner là où ils étaient précédemment établis. Si les arbres ne repoussent que lentement, si la terre a besoin de plusieurs saisons pour retrouver sa fertilité, les hommes, en peu de mois, peuvent et doivent rebâtir leur demeure, créer un nouveau foyer.

De toutes parts, des voix autorisées se sont élevées pour affirmer combien il est indispensable de ne pas laisser s'établir au hasard les plans de reconstruction, les projets de modification ou de transformation de ces grandes et de ces petites cités meurtries ou mutilées.

Des artistes, peintres, architectes et sculpteurs, des hommes de lettres, poètes, critiques d'art ou journalistes ont, depuis des mois, signé dans des revues et des journaux de tendances les plus diverses, maints articles qui peuvent être résumés dans le vœu suivant émis par Paul Jacquier alors Sous-Secrétaire d'Etat au Ministère de l'Intérieur.

« Il faut que la reconstruction de toutes nos agglomérations, villes et bourgades, marque la renaissance de cette architecture régionale qui est si intéressante parce qu'elle s'adapte aux nécessités de climat, à la configuration géographique et au caractère même des paysages », et j'ajouterai : « marque la fin de cette période de laisser aller et d'indifférence pendant laquelle des gens malheureusement investis de pouvoirs suffisants tolérèrent la suppression de précieux vestiges d'architecture et laissèrent exécuter sans ordre et sans méthode des travaux de toutes sortes. »

Quelles sont les idées directrices qui présideront à ces importants travaux, à qui incombera le soin de les diriger, quelles obligations seront imposées par les nécessités modernes, quelles sont les erreurs du passé, les négligences du présent dont nous devons nous garder ?

SAINT-MAURICE-SOUS-LES-COTES (MEUSE)

RUE DES TANNEURS A AMIENS

NOYON, LE 4 AVRIL 1917

CHAPITRE PREMIER

Des Projets de Loi

FIN de protéger un patrimoine qui nous est cher, nous sentons le besoin de sauvegarder l'esthétique de nos cités et de nos villages dans leurs agrandissements et leurs restaurations, et peut-être aussi nous voulons nous défendre de mériter dans l'avenir des reproches semblables à ceux que Chapelle et Bachaumont adressaient à certaine ville du midi :

> « Vieille ville toute de fange,
> Qui n'a que ruisseaux et qu'égouts;
> Pourrais-tu prétendre de nous
> Le moindre vers à ta louange. »

Parmi les projets de lois qui s'élaborent, un fut adopté par la Chambre des Députés (juin 1915), qui tend à obliger les municipalités de certaines localités à faire établir et à soumettre ensuite à des commissions spéciales leurs plans d'aménagement, d'embellissement et d'extension.

Cette loi devrait nous faire espérer que les travaux seront conçus suivant des plans d'ensemble sérieusement étudiés, adaptant les meilleures conditions d'hygiène et d'esthétique aux besoins locaux.

En supposant qu'elle soit acceptée dans son entier par le Sénat, cette loi donnera-t-elle satisfaction à tous ceux que ne laissent pas indifférents le charme et le caractère de nos villes et de nos campagnes, et qui sont désireux de voir restreindre cette latitude laissée à chacun de bâtir et de démolir sans souci des traditions, sans respect des règlements, et sans rapport de proportion avec les constructions avoisinantes.

Des personnalités autorisées et désintéressées, le groupement des trois grandes sociétés des architectes français ont répondu négativement à cette question, tout en exposant les raisons de leur opinion dans des réunions, des conférences ou des publications. D'ailleurs, cette opinion est partagée par les promoteurs de la loi, et ceux-ci en font l'aveu dans la phrase suivante : « Que la loi telle qu'elle est maintenant établie est bien une loi esthétique, une loi de nuages... d'intention, et que les communes n'ont aucun moyen de l'appliquer » (Journal Officiel, juin 1915, page 820).

Est-ce de cela que nous avons besoin? Certainement non.

Des techniciens parfaitement qualifiés, placés à la tête des services d'architecture dont relèvent, en partie, ces importantes questions, tout en conservant les lois existantes (qu'il nous est plus profitable de compléter que de changer sans cesse), préparent des textes nouveaux qui, avec la loi sur les expropriations actuellement en discussion au Parlement, viendraient renforcer utilement les règlements en vigueur et ceux projetés.

Je me propose ici de montrer quelles sont, à mon avis, certaines lacunes que laisserait subsister l'application de la loi aujourd'hui votée, tant en ce qui regarde l'état des choses présentes que celles de l'avenir.

Je voudrais aussi préciser quelques points sur lesquels il serait, je pense, nécessaire d'attirer l'attention de ceux qui travaillent à nous donner cette législation nouvelle et de ceux qui auront à l'appliquer et à en surveiller l'exécution.

Les grands centres, certains sites et les bourgs importants se trouvent soumis à des règlements et des servitudes (souvent fort anciens et rarement observés), que des commissions judicieusement composées et mieux armées sauront réviser et imposer, pour le plus grand bien-être des habitants, la réputation d'un site et la renommée des cités, quand il s'agira de donner des autorisations de bâtir, de solutionner les problèmes de la viabilité et de la salubrité, aussi bien que de décider des alignements, des plantations ou de trancher certaines questions d'esthétique.

Ceci établi, je prétends que les résultats que nous tentons d'obtenir ne seront pas tous atteints, car les constructions rurales et les paysages de nos provinces qui sont, à mes yeux, l'expression juste du caractère et le charme de notre pays ne seront, pas plus maintenant qu'ils ne le furent autrefois, défendus ni protégés comme ils devraient l'être.

Car, indépendamment des villes importantes qui peuvent, ainsi que nous venons de le voir, être soumises à des règlements facilement applicables et des monuments anciens et modernes, civils ou religieux qui, eux aussi, sont souvent respectés lorsqu'ils relèvent des monuments historiques, il restera encore à mettre à l'abri toutes ces maisons des champs, ces maisons des vignes, ces gentilhommières, ces folies, ces gloriettes, ces prieurés, ces grands et beaux bâtiments de ferme et leurs dépendances qu'aucun règlement ne protège.

Je me garderai d'oublier tous ces paysages qui se différencient par la diversité de leur forme, les couleurs de leurs plantes, de leurs arbres, de leurs pierres et de leurs constructions; les fontaines, les terrasses, les ponts, les vieux murs, les portes de ville et les moulins, tous ces vestiges du passé qui forment, par les détails de leur construction et de leur décoration, suivant les régions où ils se trouvent, autant d'écoles variées de l'art architectural et décoratif français, et constituent en partie notre domaine artistique.

Pour les monuments placés sous leur protection (protection souvent fictive, puisque l'une pas plus que l'autre n'a encore reçu des pouvoirs suffisamment étendus et surtout qu'elles ne disposent pas d'un budget en rapport avec leurs besoins croissants), la commission des sites et celle des monuments historiques ne peuvent, le plus souvent, intervenir utilement pour la sauvegarde de ce patrimoine qui, on l'oublie trop, est nôtre et non celui d'administrations ou d'occupants irresponsables.

L'insuffisance de protection se fait d'autant plus sentir que le nombre des monuments classés augmente chaque jour. Dans ces quarante dernières années, plus de deux cents d'entre eux durent être déclassés à la suite de travaux fâcheux entrepris sans autorisation ni contrôle et sur le simple désir exprimé par leur propriétaire; d'autres disparurent faute d'entretien ou durent être démolis parce que jugés, à tort ou à raison sans intérêt, et que souvent leur état de délabrement devenait une menace pour la sécurité publique. D'autres encore furent vendus, puis transportés par morceaux, telle la jolie maison dite de François Ier, autrefois à Abbeville, aujourd'hui reconstruite aux États-Unis.

La conservation et l'entretien d'autres monuments nouvellement bâtis ou vieilles demeures, dans lesquels sont installés nos Préfectures, certains services de la Justice, des Finances ou de la Guerre, ne sont pas mieux assurés.

Toutes ces constructions si différentes entre elles, suivant leur âge et leur situation, aux noms parfois évocateurs des hôtes qu'elles abritèrent et des faits dont elles furent témoin, sont la partie la plus tangible de notre histoire. Leur incontestable intérêt et leur valeur architecturale devraient être doublement suffisants pour attirer sur elles l'attention des services publics, et il est inadmissible que chacun puisse librement y porter atteinte suivant ses besoins personnels et selon son goût.

L'HOTEL DE VILLE DE COUCY-LE-CHATEAU

PAGE 10 — *LA PLACE DE L'ÉGLISE A RAULHAC (CANTAL)*

RUE A FONTENOY

CHAPITRE DEUXIÈME

Du Caractère à apporter dans les Constructions

I je regarde avec attention, si j'étudie séparément, tant dans leurs formes que dans leurs détails, les différentes constructions urbaines ou campagnardes qui forment nos agglomérations, depuis le hameau jusqu'à la capitale, j'y trouve un enseignement précieux, différent de celui qui nous est donné dans nos écoles et qui pourrait et devrait le compléter, car sa connaissance est indispensable à la réalisation de tous travaux.

C'est par une suite ininterrompue d'observations et de comparaisons allant de l'ensemble au plus petit détail que chacun de nous définit le caractère propre à chaque région, le classe dans une catégorie ou dans un style et donne souvent ainsi une valeur définitive à des constructions ou des fragments de construction qui passaient inaperçus à des yeux moins avertis.

Chaque artiste dans ce domaine peut s'inspirer des éléments de construction et de décoration un peu délaissés aujourd'hui, des formes, des profils et des couleurs qui sont les caractéristiques des constructions de chez nous. C'est à la négligence de ce précieux enseignement, cependant à la portée de tous, que tant de maisons d'habitation et de monuments publics doivent leur aspect hétéroclite si déplacé dans celles de nos cités qui ont conservé un caractère propre.

Si le peintre, lui aussi, souvent attire notre attention sur un sujet cent fois vu et jamais remarqué, c'est que sans cesse son œil exercé cherche à composer l'étude ou la pochade dans laquelle il fera entrer tous les éléments susceptibles de rendre complètement l'aspect du pays.

La forme des arbres, la couleur des sols, des lointains plus ou moins bleus ou des ciels plus ou moins transparents sont pour lui très différentes de celles des plaines ou des vallées voisines; l'architecte sans cesse doit, lui aussi, tenter de surprendre et noter ces variantes innombrables, peu sensibles quelquefois, mais qui suffisent à distinguer l'œuvre composée sur place de l'œuvre faite dans l'atelier.

Dorénavant, pour restreindre ces erreurs contre le goût et le bon sens, faisons en sorte que les constructions ne soient confiées qu'à des architectes et non, comme nous le voyons journellement, à des hommes qui, par leurs études, s'étaient préparés à toutes autres sortes de travaux. Le nombre des travaux, entrepris et exécutés par des Architectes, est infime, comparativement aux autres, et il est temps, je crois, de rappeler que de graves déboires artistiques ou pécuniers ont été les résultats pitoyables de cette manière de faire.

Nous pourrons aussi demander à ceux auxquels seront confiées ces constructions, d'apporter dans leurs études et à la réalisation de leurs projets, la même ardeur et le même désir de synthétiser l'esprit de la commune, d'y imprimer le caractère de la région, comme le faisaient autrefois les moines bâtisseurs et les maîtres d'œuvres, dans tout ce qu'ils entreprenaient.

LA CATHÉDRALE A LAON

HOTEL ANCIEN A MORTAGNE

UNE RUE A BEAUVAIS

CHAPITRE TROISIÈME

Les petites Villes

QUI de nous n'a pas, parcourant au hasard les rues d'une de nos villes de France, entre deux faubourgs neufs et banals, retrouvé le coin de vieux quartier resté intact.

Si près du centre, à peine quelques pas, une ruelle à suivre et voici la rue paisible où meurt le bruit. Là, les maisons montrent leurs façades ventrues ou droites, unies, sculptées ou revêtues d'ardoises, de faïence ou de carreaux vernissés. Là, un vieil arbre donne son ombre au haut portail; là, un pan de mur se couvre de lierre dont le reflet verdit les vitres de la croisée voisine.

Les façades riantes ou sévères, entre leurs pignons élancés, s'abritent sous l'ardoise ou la tuile de leurs toits garnis de grandes ou de petites lucarnes, d'œils-de-bœuf, de chatières, montrent leurs hautes fenêtres cintrées ou droites, leurs portes dont les panneaux encadrés dans des moulures puissantes ont, pour seul ornement, le vieux marteau couleur de rouille, et dont les battants sont surmontés d'impostes aux entrelacs et losanges de bois ou de fer.

Les rampes du perron, les balcons, les appuis-main dont les fers délicatement ouvrés offrent des lignes d'arabesques, quelquefois accompagnées de feuilles qui épousent les formes de leurs contours élégants et simples.

Plus loin, un imposant portail flanqué de bornes de pierre porte, sur le cartouche qui le domine, un écusson à demi effacé; une haute grille aux pointes dédorées enferme la cour qui sépare de la rue l'hôtel dont le luxe tranquille veut la paix d'un jardin pour y ouvrir sa principale façade. A côté, voici le mail aux arbres taillés, quelquefois plantés en quinconces, les pelouses entre les boulingrins s'encadrent de buis, s'ornent, s'égaient de touffes de fleurs vivaces, fleurs des jardins de curé : soucis, pois de senteur, pieds-d'alouette; quelques bancs de pierre, à l'abri des vieux ormes ou des tilleuls taillés, reçoivent de paisibles promeneurs.

Parfois, le charme de ce vieux coin de ville s'accroît de la petite rivière heureusement conservée claire et courant libre entre deux rangées de maisons basses. Les façades semblent s'y pencher pour que leurs pierres, grises ou roses, y trouvent leur reflet; des jardins qui bordent la rivière, quelques marches descendent dans l'eau, de petits ponts l'enjambent : l'Isle-sur-la-Sorgue, Pont-l'Évêque avec la Touques, Doullens, Louviers et Beauvais avec l'Authie, l'Eure et le Thérain possèdent ces rues d'eau, qui rendent si vivants les quartiers qu'elles traversent.

Combien de fois, dans nos courses en auto, ne nous est-il pas venu à l'esprit un souvenir de cette même ville où nous passons et où, dans notre enfance, nous venions une fois l'an visiter les parents de province : c'était l'arrivée dans la petite gare, dont le nom se lisait en lettres blanches sur une bande bleue; la cour où se tenaient rangés, entre la voiture publique et l'omnibus de l'hôtel, quelques fiacres désuets.

La grand'rue aux pavés inégaux, aux étroites boutiques à l'étalage démodé, la place du marché qui, une fois la semaine, s'emplit dès l'aube du bruit des carrioles, et où les hommes en blouses bleues, raides et brillantes, discutent bruyamment le marché difficile à conclure; les fermières en coiffes et en bonnets, marchandes ou acheteuses, s'interpellent et vont et viennent dans une foule assourdissante que surmonte seule la voix du charlatan perché sur sa voiture; plus loin, au bout de la rue paisible, sur la petite place plantée de tilleuls en charmilles, voici la maison familiale, qu'une lourde porte cochère semble mettre à l'abri des regards.

Dès l'entrée, c'est le silence absolu des faubourgs des petites villes où nul commerce, nulle industrie n'apporte les bruits de la vie, et que trouble, seulement d'heure en heure, le timbre grave des cloches du couvent voisin.

Les hautes pièces de l'unique étage ont des boiseries gris de lin où s'alignent symétriquement des portraits que la brume du temps décolore : portraits pleins de grâce du XVIIIe siècle, portraits compassés de la Restauration, portraits en crinoline et anglaises de la grand'tante qui nous reçoit aujourd'hui.

Quelques meubles, peu nombreux, des fauteuils dont les tapisseries à fleurs mettent une tache de couleur dans toutes ces demi-teintes; un vieux miroir de Venise réfléchit les rosaces brillantes d'un parquet à compartiments, et le gourgouran safrané des rideaux encadre les petites vitres verdies, à travers lesquelles on aperçoit les arbres taillés du jardin, les parterres régulièrement tracés, les allées qui contournent le petit bassin dont l'eau morte se couvre de feuilles tombées.

Pourquoi faut-il que nous devions chaque année déplorer l'enlaidissement de quelques-uns de ces endroits charmants, vrais décors de notre pays de France; qu'il nous faille constater l'absence totale de direction dans la construction des quartiers transformés ou dans les prolongements des faubourgs?

A Orléans, la venue malencontreuse d'un établissement de crédit rompt l'harmonie de la place du Martroy; la rencontre d'un établissement similaire, dans une rue de Caen, stupéfie les regards, et j'aurais à citer, hélas, nombre de villes où semblables fautes sont journellement commises.

La plage de Dieppe était-elle désignée pour recevoir une manufacture de tabac que dominent deux hautes cheminées?

La construction des galeries de nouveautés, d'hôtels, de tavernes ou de cafés, bâtiments, certes, d'une incontestable utilité, ne peut donc se faire chez nous, à présent, sans apporter la vulgarité et l'impersonnalité d'un faux luxe avec son cortège de pilastres, guirlandes, cartouches démesurés, gueules de lions et cornes d'abondance.

Et souvent il faut encore qu'un nom étranger vienne souligner combien de semblables architectures, déplacées dans nos provinces, restent en dehors de l'ambiance du pays.

Je regrette, quant à moi, jusqu'aux vieux noms délaissés qui, pendant des siècles, ornèrent les enseignes des magasins, des hostelleries et des auberges : à l'"Image-Notre-Dame", le "Panier fleuri", le "Chariot d'Or", les "Trois Couronnes", le "Grand Monarque" et tant d'autres, avaient pour moi une saveur et je leur trouvais la grâce d'un souvenir. Pour montrer combien ces enseignes tenaient de place dans l'esprit des marchands et acheteurs, voici une note insérée par le libraire même au bas de la première page d'un ouvrage du XVIIIe siècle :

« Le public voudra bien ne pas confondre cette nouvelle adresse, avec mon ancien domicile, actuellement occupé par le citoyen Depeuille, lequel ayant acquis la "maison d'habitation" que j'occupais, a substitué l'enseigne des "Deux Pilastres d'Or" à celle des "Deux Piliers d'Or" qui, depuis plus de cent cinquante ans, servait d'indication à la maison de commerce que je tiens aujourd'hui. Je préviens donc le public, qui pourrait être induit en erreur, qu'il n'est resté dans mon ancien domicile, rue des Mathurins, aucun des objets qui constituent le fond de commerce connu sous le nom des "Deux Piliers d'Or", et qu'ils ont tous été transportés rue de Sorbonne. »

Mais que l'on ne vienne pas dire à ceux qui, comme moi, regrettent sincèrement que l'on fasse abstraction des leçons du passé dans la réalisation des œuvres modernes, que la conservation des vestiges anciens est incompatible avec une hygiène mieux établie.

Nul plus que moi ne blâme l'incurie des municipalités qui a pour effet le manque absolu d'entretien des vieux quartiers de Marseille, certaines rues à Toulon, les abords des quais à Rouen, le Pollet à Dieppe, des villages entiers en Bretagne et en Auvergne, et maints quartiers de telles ou telles villes qu'il serait trop long de rappeler. Cet état de délabrement et de malpropreté est, dans notre pays, une tare inconnue dans beaucoup d'autres.

BALCON EN FER A TOULON

LE BEFFROI A DOULLENS

LA MAISON COMMUNE A FISMES

CHAPITRE QUATRIÈME

Maisons communes et Hôtels de Ville

C'EST en recherchant quelles sont les origines, c'est en étudiant les différents modes de construction employés autrefois et comment furent conçus les bâtiments similaires à ceux que nous devons aujourd'hui élever, en faisant la part des besoins pratiques et des exigences artistiques auxquels ils doivent répondre, que nous donnerons aux façades de nos monuments modernes un caractère propre, parfaitement en harmonie avec leur destination.

C'est seulement dans le cours du XIIe siècle que l'on commença de bâtir, chez nous, les premières maisons communes ou hôtels de ville dont le beffroi, synonyme du "droit de commune", était parfois indépendant du corps de bâtiment. Jusque-là, les réunions municipales se tenaient indifféremment sur les places publiques, dans les églises, les cloîtres ou les chapitres de communauté.

L'usage de ces maisons se répandit rapidement; les unes, élevées avec un grand souci d'élégance, telles Noyon, Saint-Quentin, Troyes, Beaugency, Compiègne; d'autres, comme Doullens, Bergues, Clermont (Oise), Rue, Bailleul, traitées dans un style d'architecture un peu militaire, percées d'ouvertures petites, souvent barrées de fer, quelquefois entourées d'un fossé. Presque toutes possédaient sur leur principale façade le balcon, le perron ou la bretèche d'où l'on faisait les criées et les proclamations, et dont Arras possédait un si bel exemple. Devant se trouver à même de résister à un coup de main, elles étaient fortes et élégantes aussi, ce qui n'empêche nullement la force. Certaines, au contraire, largement ouvertes, offraient à leur rez-de-chaussée, abri aux marchands, et servaient ainsi de bourse ou halle, telles celles de Saint-Antonin, dans le Gers, les mairies de Longueville-sur-Scie, de Montréjeau, de Barbentane, Gray ou Fismes.

Ce sont ces dernières qui répondent le mieux aux nécessités présentes des petites villes, elles offrent un abri pour les réunions de leurs administrés et sont, au sens exact du mot, des "Maisons communes".

A celles que nous élèverons demain, donnons un porche ou vestibule de dimensions vastes, qui sera d'une utilité plus réelle qu'un escalier monumental comme nous en voyons trop souvent, des salles de délibération, des bureaux privés ou publics bien distribués, commodes et clairs, car ils doivent être occupés sans cesse et sont plus nécessaires aux habitants que la salle dite "des fêtes", ouverte quelques heures par an. Faisons en sorte que toutes les installations pratiques, indispensables au bon fonctionnement d'une administration, s'y trouvent à la portée du public. Leur établissement et leur entretien seront d'un prix inférieur à celui de cariatides puissantes, sculptées sur la façade et ne supportant rien, de statues dont le besoin ne se faisait nullement sentir ou d'un orgueilleux campanile rarement en proportion avec l'édifice.

HOTEL DE VILLE A GISORS (VEXIN)

ÉGLISE DE RUDELLE (QUERCY)

L'ÉGLISE D'ONVILLERS (SANTERRE)

CHAPITRE CINQUIÈME

Les Eglises dans nos Provinces

ANS nos églises, que de variétés, que de conceptions différentes, tant dans leur forme que dans leurs détails, selon les contrées, les époques et l'état social où se trouvait le pays lors de leur construction.

Celles fortifiées, aux murs épais, assez répandues dans nos provinces, telles Lamballe, Esnande, recouvertes souvent, en guise de toit, par de grandes dalles de pierre, parmi lesquelles l'église des Templiers à Luz, les Saintes-Marie-de-la-Mer Rudelle;

puis certaines églises du pays basque, dont le mur pignon ajouré laisse apercevoir les cloches ; certaines d'Auvergne, bâties en grès coloré, ou pierres noires, selon que leurs matériaux provenaient des carrières de la Peyze ou furent extraits et travaillés près de Volvic, églises dont les ornements sont d'inspiration romane, et dont la décoration se complète d'incrustations de galets et d'application de carreaux de céramique. D'autres, où briques et pierres se combinent, et que nous rencontrons dans le Santerre, comme à Onvillers, dans certains villages du pays de Bray et que nous voyions à Tilloloy, avant que son église ne fût détruite par la guerre. Puis, viennent celles des Flandres, celles du Languedoc, où de grandes et petites briques, laissées apparentes, forment toute leur construction et leur décoration, comme à Asfeld-lès-Rethel, au plan si original, l'Isle-d'Albi, Montsaunés, Lombay, et dont Sainte-Cécile d'Albi est le modèle le plus parfait. Puis, ce sont toutes celles de l'Ile-de-France, établies sur des plans simples et réguliers, bâties avec des pierres de taille provenant généralement de carrières des vallées de l'Oise et de l'Aisne, églises dont les grandes lignes des façades et les détails d'architecture furent empruntés à Jean de Chelles, Robert de Luzarches, Jean d'Orbay ou Pierre de Montereau, dès que ces maîtres d'œuvres et leurs disciples commencent, au XIIe siècle, d'élever des cathédrales.

Pour en venir aux églises aux arêtes fines, aux découpures multiples, aux sculptures nombreuses, grises, rouges ou blanches, selon les provenances de leur granit ou la patine de leur pierres, et qui tendent vers le ciel breton ou bourguignon leurs flèches, tourelles ou clochetons, tous divers de formes ou d'attitude, pour finir à Sainte-Catherine d'Honfleur où le bois seul est employé dans la construction de ses deux nefs accolées l'une à l'autre, et qui fut si heureusement restaurée, il y a quelques années, par les soins des Monuments Historiques.

Les églises bâties du XIe au XIVe siècle, ainsi que nous le voyons encore dans certains villages, avec leurs maisons groupées autour de leur clocher, au pied duquel, irrégulièrement plantées, les petites croix émergeant des plantes vivaces, forment un ensemble tout d'harmonie et de paix.

A partir du xi⁰ siècle, elles furent traitées de façon différente. Plus recherchées dans leurs formes, plus élancées et plus décorées, elles gardèrent cependant leur caractère local, ne se distinguant des constructions environnantes que par un plus grand souci d'élégance.

Peu d'églises restant à construire à cette époque, on se contenta parfois d'élever à celles déjà existantes un clocher indépendant, de refaire un portail neuf, de reconstruire, dans certaines, le chœur, l'abside et le transept. Il est curieux de constater alors combien il est peu tenu compte dans ces travaux des proportions et du caractère du bâtiment : les nouvelles voûtes sont beaucoup plus élevées que celles de la nef et des bas-côtés conservés, la ligne de faîtage des toits ne se continue pas, et il faut voir là, de la part des seigneurs et châtelains de l'endroit, qui prenaient généralement à leur charge les frais de ces travaux, la volonté bien marquée d'affirmer de cette façon leur supériorité sur les autres fidèles.

Sous l'impulsion d'artistes venus d'Italie, comme Serlio ou Jacques Barrozio amené par le Primatice, et dont l'influence fut si fâcheuse pour le développement de l'art architectural français, ou seulement sous l'impulsion d'artistes épris des monuments anciens et dont Jean Bullant fut certainement un des plus convaincus, la décoration extérieure et intérieure des édifices se transforme complètement, bien que les plans restent sensiblement les mêmes; l'église perd le caractère religieux que lui conféraient à mes yeux les lignes du style roman ou ogival.

Puis des architectes, comme Le Doux, Guillaume Couture ou Pierre Vignon, abandonnent les lignes tourmentées et les décorations brillantes en vogue jusque-là, pour les lignes sévères et froides des temples antiques desquels s'inspire cette nouvelle école.

Si nos villes virent s'élever quelques églises de cette école, nos campagnes en furent heureusement préservées. Et l'impression que nous en donne celle de Meslay-en-Vidame n'est pas pour nous le faire regretter. Car rien n'est plus inattendu et déplacé, devant la grande mare de ce village du pays chartrain, que la présence de ce temple aux six piliers d'ordre dorique grec, dont la façade porte pour tous ornements les plats triglyphes et les mutules de son entablement.

Il est regrettable que l'on se soit mis, au cours du XIXᵉ siècle, à bâtir dans notre pays des églises et des chapelles si dissemblables des bâtiments qui les environnent. Pourquoi avoir dressé des flèches et des clochetons habillés de zinc, couvert avec des ardoises des toits aux pentes rapides, dans des pays où les toitures sont généralement plates et protégées par des écailles de schiste, de bois ou par des tuiles, fait des revêtements de plâtre sur des pierres, et apporté à grands frais des briques dans des contrées où la pierre se trouve à profusion.

Malheureusement, depuis quelques années, comme les mairies, les écoles et les gares, les églises eurent, à quelques exceptions près, leur modèle type inspiré de cet art médiéval qu'un des premiers, Viollet-le-Duc, sut défendre et faire comprendre. C'est en effet à son obstination et à sa ténacité que nous devons les heureuses conservations (je ne dis pas restaurations) de nombreux monuments et fragments de cet art, jusqu'à lui unanimement décrié. Mais ce style fut immédiatement défiguré et employé sans discernement, ce qui faisait dire à Vitet, ainsi que le rappelle Paul Léon, dans l'ouvrage très complet qu'il vient de donner sur les Monuments Historiques, « qu'après avoir réhabilité les chefs-d'œuvre du Moyen Age, il nous reste à les défendre contre un enthousiasme trop vif... »

Non seulement les façades neuves furent traitées sans goût, mais des meubles et des ornements établis par séries envahirent les intérieurs, et souvent même vinrent remplacer certains beaux aménagements anciens. Là, comme dans bien d'autres parties, l'architecte n'a pas su imposer sa volonté, et s'est effacé devant les productions des fabricants. Il aurait été facile, cependant, de traiter différemment ces autels, bancs d'œuvre, sièges, chaires, lutrins et lustres, pouvant nous inspirer en France et en Italie d'innombrables exemples et des œuvres du brillant et débordant Gil de Siloë dans les édifices religieux d'Espagne.

Meubles et ornements, dont la diversité des matériaux qui les composent se prêtaient à de nombreuses interprétations décoratives. Fers forgés, chênes polis, marbres, cuivres, cristaux et ors que viennent mettre en valeur les rayons d'une lumière colorée au passage des verrières, en les faisant se détacher sur la pénombre tombant des hautes voûtes de pierre ou des grands combles de bois.

L'ÉGLISE DE VILLERS-SAINT-PAUL (OISE)

FONTAINE A SAINT-PAUL-DU-VA

LA FONTAINE DE NOYON

CHAPITRE SIXIÈME

Eaux courantes et Fontaines

E regrette, tant au point de vue décoratif qu'utilitaire, que les fontaines de nos villes et de nos campagnes disparaissent de nos travaux neufs, ou qu'elles soient presque toujours remplacées par des monuments commémoratifs ou décoratifs d'utilité et d'art souvent fort discutables.

Au centre de maintes places ou à l'angle de deux rues, sous la protection d'un encorbellement, les mascarons grimaçants crachant un filet d'eau et les vieilles vasques de pierre ont disparu, cependant les sommes dépensées pour les monuments qu'on élève à leur place dépassent le prix que coûterait l'eau, même si elle devait couler là pendant bien des années! Mais l'espoir des distinctions et les fêtes que suscitent toutes les inaugurations de monuments, ont vite fait de lever les hésitations et l'eau courante semble être devenue un luxe que les municipalités désirent restreindre.

La fontaine achetée toute faite sur catalogue, trop souvent, remplace l'ancienne fontaine de pierre, quelquefois même elle s'y mêle sans scrupule, comme à Blérancourt, dans l'Aisne, où une belle vasque du XVIᵉ siècle, heureusement conservée intacte jusqu'à nos jours, a été surmontée d'une pyramide de femmes et de guirlandes venant directement de chez le fondeur. Le petit miroir d'eau qui, placé dans son centre, réfléchissait les belles façades de la place Ducale, à Charleville, a été démoli et remplacé par un monument qui pouvait tout aussi bien être élevé dans un autre endroit de la ville.

A Paris, dans ces dernières années, nombre de fontaines disparurent, et nous devons le regretter; il eut été facile de les transporter ailleurs, lorsque le tracé de voies nouvelles nécessitait leur enlèvement.

Certaines ont fait place à des immeubles; d'autres, qui étaient encastrées dans des façades, sont remplacées par des placards d'affiches ou des dépôts de matériel municipal de voirie; c'est ce qui s'est produit pour celle établie par Brongniard sur la façade principale du couvent des Capucins, aujourd'hui collège Condorcet, et dont le rétablissement facile et peu coûteux s'impose.

Je ne voudrais pas omettre de citer la fontaine de Birague qui, élevée sur un plan pentagonal, était de forme élégante, ornée de cinq niches plates, que couronnait une calotte de pierre et dont une de ses nombreuses inscriptions nous apprenait que « sous le règne de Henri III, roi de France et de Pologne, Claude d'Aubray, étant prévot des marchands, Jean Lecomte, René Baudert, Jean Gedoyn, Pierre Laisné, échevins de la ville; ce monument a été érigé par la munificence de René de Birague, cardinal de l'église romaine et chancelier de l'Église de France. L'an de la rédemption 1579. » Une autre nous disait que : « Birague fit amener ici cette onde pour l'usage de sa maison et pour les besoins de la ville, mais autant l'intérêt public doit l'emporter sur l'intérêt privé, autant la ville est plus chère à Birague que sa propre maison. »

Parmi celles que nous devons regretter et qu'il eut été aisé de nous conserver, ainsi qu'il fut fait pour la fontaine de l'abbaye de Saint-Germain-des-Prés, aujourd'hui réédifiée dans le square Monge, était le bel obélisque dont le socle orné de deux figures de tritons se trouvait à l'angle des rues de l'Échelle et de Saint-Louis, connu sous le nom de fontaine du Diable; la fontaine Saint-Séverin, la fontaine des Petits-Pères, celle de l'École de Médecine et le château d'eau du Palais-Royal, que nous devions à Robert Decote et qui disparut lors de la construction de la façade du Louvre, mais dont l'esprit des décorations et les bossages vermiculés se retrouvent dans la façade de Visconti.

La petite fontaine du Ponceau qui existait déjà en 1461, puisque Malingre nous rapporte que : « A l'entrée de Louis XI à Paris, on imagina un spectacle très agréable devant la fontaine du Ponceau où étaient plusieurs belles filles en sirènes, toutes nues, lesquelles, en faisant voir leurs beaux seins, chantaient de petits motets et bergerettes. » En 1727, lorsque Blondel eut terminé son chef-d'œuvre, la porte Saint-Denis, une table de marbre fut apposée sur la fontaine, avec cette inscription flatteuse pour l'architecte :

Nympha triumphalem sublime fornice portam
Admirata, suis garrula plaudit aquis.

« Charmé de la grandeur de ce pompeux arc de triomphe, la nymphe applaudit par le doux murmure de ses eaux. »

Le style de Santeuil qui, à cette époque, se répandait inégalement dans ses hymnes, ses odes, ses poésies latines, et en inscriptions plus ou moins heureuses sur tant de monuments, se reconnaît dans cette dernière inscription de la fontaine Saint-Séverin, dont l'inspiration dut lui venir dans sa tour de Launay.

> « Tandis que les nymphes haletantes montent vers le sommet de la montagne, l'une d'elles, éprise de la beauté du vallon, y fixe sa demeure.

Par contre, nous ne pouvons regretter que n'ait été rendu à Venise le lion de Saint-Marc, apporté en France lors de la campagne d'Italie et qui figura, durant quelques années, sur la fontaine, aujourd'hui disparue, de l'Esplanade des Invalides.

Quelques-unes de ces fontaines ont été respectées par la pioche du démolisseur, mais leur sort est lamentable, car elles sont ou mal entretenues, privées souvent de l'eau qui fut leur raison d'être, et c'est le sort de la fontaine du Trahoir, de l'architecte Soufflot, de celles de Charonne, de la rue Saint-Martin; ou bien elles sont transformées, comme celle du square des Innocents ou celle de Bralle, place du Châtelet, dont les quatre figures entourant son socle, la Prudence, la Vigilance, la Justice et la Force n'ont pas pu la défendre contre l'adjonction déplacée de quatre sphinx dont je souhaiterais pouvoir dire, parodiant Amaury-Duval, parlant de la fontaine du Bernin à la Pitié : « Le temps, en dégradant cette fontaine, en a fait disparaître les quatre sphinx! Cette disparition doit inspirer peu de regrets. »

Les lions de fonte, allongés sur les degrés du péristyle de l'Institut, ne furent pas davantage épargnés : un jour on retira les deux vasques qu'ils alimentaient. Devenus inutiles et trop souvent raillés devant leurs bassins vides, ils furent détournés l'un de l'autre, tels deux augures ne pouvant pas se regarder sans rire.

Quelques fontaines de France des plus charmantes, que l'on ne cite que rarement, sont celles de Jacques d'Amboise à Clermont-Ferrand, d'Adam et Ève à Riom, de Saint-Saturnin dans le Puy-de-Dôme, et de Courpière, les fontaines des Mascarons, des Prêcheurs et des Quatre-Dauphins à Aix-en-Provence, les petites fontaines des places de Carpentras, la fontaine d'Alliance à Nancy, et toutes celles aux margelles usées dont le bruit de l'eau perpétuel anime les petites places des villages basques, savoyards ou alsaciens.

LA PLACE D'ARINTHOD (JURA)

SAILLY-AUX-BOIS (ARTOIS

MAISON SUR LE PLATEAU DE LA LUCE (AMIÉNOIS)

CHAPITRE SEPTIÈME

La Maison au Village

ISSÉMINÉES *de toutes parts, les unes blotties au fond des jardins, d'autres bâties en bordure d'une route ou accrochées aux pentes d'un coteau de vigne, toutes ces petites maisons des champs et maisons de paysans ont conservé encore, dans bien des endroits, leur caractère local, parce qu'elles furent conçues et exécutées par des entrepreneurs et pour des gens de nos campagnes, sans qu'ils aient recours à des matériaux étrangers à leur région,* sans désir d'étonner par l'emploi d'éléments baroques achetés tout faits.

Pour toute décoration, quelquefois, leur façade est flanquée d'un cadran solaire que souligne une inscription judicieuse, ou bien est tapissée de plantes grimpantes qui, suivant les saisons et l'exposition, varient à l'infini; elle est fleurie de roses, de passiflores, clématites, bougainvillées ou jasmins, ou portent, en espalier, des abricotiers, comme dans certains villages des Hauts-de-Meuse; souvent elle est à demi cachée sous les vignes ou bien, comme dans la Semoy, disparaît sous les feuilles de tabac accrochées à ses murs pour y sécher pendant des semaines, ce qui lui donne une couleur changeante à mesure que la feuille séchant, passe du vert au brun.

Souvenons-nous que le terrain, le ciel, l'eau et les bois environnant ces constructions sont des éléments auxquels nous ne pouvons rien changer, nous devons donc faire en sorte que la note que nous y apportons, en construisant, soit en accord avec ces éléments immuables; en cela réside le charme de certains de nos villages anciens. Nous obtiendrons ce résultat en continuant à employer, comme matériaux apparents, ceux que nous trouverons dans chacune des régions à rebâtir.

Dans la seule zone reconquise aujourd'hui du Pas-de-Calais, de la Somme, de l'Aisne et de l'Oise, nous voyons qu'il existe quatre façons de construire très différentes, selon que nous sommes dans les campagnes de l'Artois, aux environs de Ham et de Saint-Quentin, ou que nous regardons les villages aux alentours de Noyon ou ceux du sud du département de l'Aisne. En effet, dans chacune de ces régions, les façons de bâtir et les matériaux sont très différents; d'abord, les pans de bois et les remplissages en torchis, les encadrements de baies en menuiserie légère, peintes de couleurs variées, les toits de tuiles, le tout posé sur un socle de briques peu élevé; puis, la brique seule heureusement combinée; les pierres et les briques agréablement mêlées en triangles ou en rectangles, suivant qu'on les place sur des pignons, des murs ou des façades, et enfin la pierre de taille seule, admirablement appareillée, que l'on sent travaillée avec goût par des artisans qui se sont transmis de générations en générations, toutes les règles d'une science dans laquelle ils sont devenus maîtres.

Ne venons donc pas dire à ces habitants que nous avons des matériaux nouveaux à leur donner, montrons-leur, au contraire, combien nous apprécions leur savoir, disons-leur le pourquoi du charme de leur village et gardons-nous, sous forme de modernisme ou sous prétexte de constructions rapides, de leur fournir des matériaux nouveaux fabriqués loin de chez eux et que, dans l'avenir, ils seraient incapables de fabriquer ou de se procurer.

Mais cela, tout en maintenant les formes et les divers aménagements consacrés par l'usage, et si nous obtenons, ainsi que nous le verrons plus loin, que leurs habitations soient élevées non plus en bordure des routes, mais un peu en retrait, que les haies et les barrières basses remplacent les murs coûteux à bâtir et à entretenir, que des servitudes et règlements d'hygiène soient sérieusement appliqués.

Nous verrons alors que nos villages, eux aussi, ont un caractère que nous nous plaisons à reconnaître dans d'autres pays ni mieux bâtis, ni plus intéressants, mais seulement mieux établis, mieux surveillés et admirablement entretenus.

PETITE PORTE DE JARDIN A FIGEAC

LA CHAUME (BOURBONNAIS)

SAINT-CYR-SOUS-DOURDAN (PAYS DU HUREPOIX)

CHAPITRE HUITIÈME

Les Bâtiments des Champs

ES bâtiments tout en pierres qui composent les fermes du Soissonnais, de la Brie, de la Beauce ou du Beauvaisis, par leur forme et leurs détails, nous rappellent que leur origine souvent fut monastique. Passé le portail, s'étend la vaste cour rectangulaire au centre de laquelle s'élève le colombier; au fond l'habitation, sous un ou deux gros noyers l'abreuvoir ou la mare et, sur les côtés, les remises, les écuries, les longues étables et les granges spacieuses dans l'aire desquelles pénètre aisément le mai dressé, la haute voiture débordante de la récolte, granges aux murs supportant quelquefois seuls, quelquefois aidés par des contreforts ou des lourds piliers, l'immense charpente recouverte de chaume ou de tuiles.

Très différentes des fermes de Normandie ou de Bretagne, aux dimensions généralement moindres, bâties soit en pierres avec quelquefois des incrustations de galets cassés, tels le manoir Ango à Varengeville, la ferme du château de la Tour à Sainte-Marguerite, la petite ferme de la Pipaudière à Livarot.

Bâties comme les dépendances du petit manoir de Saint-Hippolyte-du-Bout-des-Prés, soit en colombage avec remplissage de briques disposées en fougères ou par assises horizontales, aux joints bien tirés, ou bien dont les intervalles des pans de bois sont remplis de torchis ou de pisé, et que protègent, contre l'humidité du sol, quelques rangs de briques ou de pierres dures et qu'abritent des toits couverts de chaume ou d'ardoises. Ce dernier mode de construction, quoique léger, est très habitable et d'aspect charmant. La peinture de ses bois et le badigeonnage à la chaux des terres argileuses permettent d'entretenir très propres ces façades que nous aimons à trouver en Normandie, au fond des prés plantés de pommiers, tout entourés, lorsque les haies font défaut, de murs de terre battue couronnés par une crête de chaume piquée d'iris ou de fougères et qui sont nombreux sur les grands plateaux du Neubourg et dans les vallées de la Rille, de l'Andelle et de l'Iton.

En Auvergne et en Savoie, dans ces pays accidentés, la grange, qui est souvent le principal bâtiment de la ferme ou de la métairie, est établie sur un terrain très en pente avec une entrée à chacune de ses extrémités, ce qui permet au niveau du sol ainsi qu'au plancher du grenier un accès de plain-pied aux bêtes et aux chars.

Différentes encore les petites fermes et exploitations du centre et de la plaine de la Limagne, de construction de briques ou pierres portant à leur pignon ou à leur façade le petit pigeonnier carré accordé autrefois par le "droit de vol".

Tout autre encore les Mas de la Crau et du pays de Provence, peu élevés, bâtis tout en pierres dures, avec une toiture débordante de pente très peu accusée, couverts de tuiles italiennes que chargent, pour les défendre du mistral, de lourds galets du Rhône et qu'indique de loin, dans la plaine, la tache foncée des cyprès protégeant des vents le jardin clos par les hautes haies de roseaux.

Les "bordes" de la plaine béarnaise bâties avec les galets des gaves, abritées sous leurs grands toits d'ardoises. Puis, ce sont les petits bâtiments sans étage de "l'etchesaña" des pays basques et dont un côté de la façade, beaucoup plus développé que l'autre par rapport à l'axe de leur pignon, fait que le toit s'abaisse jusqu'à une très petite distance du sol; ses pans de bois de pins, ses charpentes apparentes et ses menuiseries de couleur sang de bœuf se détachent sur les crépis très blancs des enduits.

Tous ces bâtiments ont gardé leur caractère propre. Malheureusement, les constructeurs des sucreries, des distilleries et des raffineries établies dans le Nord, ont importé le style "usine" qui s'est vite répandu en France et nous leur sommes redevables, aujourd'hui, des bâtiments de fermes, si peu robustes d'aspect, qui nous semblent être montés de façon provisoire, ces hangars dont les légers poteaux portent une toiture en tôle ondulée et que les grands vents des plaines jettent bas de temps en temps.

LA PLAINE A CHAPONVAL.

DIVERS PONTS

LE PONT DE TOURS

CHAPITRE NEUVIÈME

Ponts et Passerelles

IL nous plaît de comparer les ponts jetés sur les routes et les rivières depuis ceux qui, en Savoie, bâtis en troncs d'arbres, suivant la tradition des Gaulois, servent à franchir les torrents, nous voyons qu'ils ont été successivement établis selon les types les plus divers, les uns trapus, bas et lourds, d'aspect solide, d'autres, au contraire, ont leurs arches jetées avec une grande hardiesse et nous ne retrouvons malheureusement que très rarement dans nos ponts et viaducs modernes (exception faite pour ceux de Garabit et du Viaur), les belles conceptions dans lesquelles leurs constructeurs se plurent à les élever".

La disparition d'un grand nombre d'entre eux est d'autant plus regrettable que rien ne semblait l'imposer; une décision préfectorale ou municipale a suffi pour jeter bas beaucoup de ces ponts dont les guerres, les glaces et les hautes eaux n'avaient pu ébranler les solides assises.

Rien que dans le cours du siècle dernier, beaucoup furent démolis : ceux de Pont-de-l'Arche, Nevers, Auxerre et Saintes. L'arc romain que possédait ce dernier et qui commandait son entrée du côté du Faubourg des Dames, fut déposé pierre à pierre et remonté sur les bords de la Charente vers 1850.

Certains ne sont que partiellement démolis et les vestiges qui subsistent quelquefois font regretter davantage la disparition complète des autres. Si de ceux-ci il ne reste qu'une pile à demi submergée où se devine l'amorce d'une arche, ceux-là, à demi ruinés, conservent encore intactes plusieurs de leurs travées, tel celui d'Avignon, bâti à la fin du XIIe siècle par Petit-Benoît, devenu plus tard Saint-Benezet, qui fut chef de cette confrérie des frères hospitaliers pontifes, instituée vers 1164, nous dit l'abbé Grégoire, pour « bâtir des ponts, établir des bacs et donner assistance aux voyageurs sur les bords des rivières ».

Parmi les plus intéressants et parfaitement conservés, restent ceux de la Calendre ou Pont-Valentré, qui défendait le passage du Lot à Cahors; celui d'Orthez, établi sur le gave de Pau; celui de Carcassonne dont les éperons aigus s'élevant jusqu'à hauteur des tabliers forment des "gares" fort utiles aux piétons; celui de Béziers, celui d'Espalion, de Céret et la grande arche de Claye.

Beaucoup d'autres encore auraient pu subsister jusqu'à nous, car l'entretien de certains fut de tout temps assuré par les droits de péage perçus aussi bien pour le passage en dessus qu'en dessous, ressources trop souvent détournées de leur destination.

Exception, cependant, doit être faite pour quelques-uns d'entre eux, tel celui qu'Eude, comte de Tours, fit élever, vers l'an mille, en cette ville sur la Loire et pour lequel il défendit d'établir un péage, déclarant « qu'il l'avait fait bâtir dans le seul but d'une action méritoire pour le salut de son âme ».

Certains, en plus de leur nécessité de viabilité, devaient répondre à des besoins militaires ou quelquefois faire partie d'un ensemble décoratif. Tel celui élevé à la gloire de Louis XV, dont les arches superposées passent l'Orge à Juvisy, et qui est décoré des belles fontaines de Coustou.

Plus modernes sont les ponts suspendus dont les quatre pylônes supportent les câbles principaux, ponts légers et d'aspect charmant, ponts de Triel, de Boran, de Neuville, passerelle d'Agen, pont de Châtel-de-Neuvre lancé sur l'Allier, et grands ponts du Rhône, dont les Américains ont adopté le principe et augmenté formidablement la portée et la force.

Pour rétablir les ponts qui furent détruits depuis août 1914, par nécessité militaire, il faudrait que, sans toutefois les copier, on se souvienne de ceux de Blois, de Tours, du pont Saint-Laurent à Châlons, du Peyrou à Montpellier, de la grande arche de Lavaurs, de Pont-Sainte-Maxence que nous devons à Gabriel, Gauthey, Dumorey, Garipuy, Pitot et Perronet. Leur reconstruction devrait rendre aux petites villes de Compiègne, de Beaumont-sur-Oise, de Creil, de Pont-Sainte-Maxence et de Soissons l'aspect sous lequel Pernelle, Israël Silvestre et de la Bella nous les avaient fait connaître par leurs délicates gravures.

PONT-SAINTE-MAXENCE : LE PONT

PAGE 48 — LE MOULIN FORTIFIÉ DE BLASIMONT (BAZADAIS)

LES MOULINS DES PLAINES DE L'ARTOIS

CHAPITRE DIXIÈME

Les Moulins pittoresques

OULINS à vent des pays de plaine, moulins à eau, beaucoup plus nombreux encore qu'on ne le pense, dont le nom évoque en nous des impressions champêtres; moulins cachés sous la feuillée dont la roue à palettes tourne sous la poussée des eaux limpides du bief, moulins placés sur les arches des ponts ou à la retenue des eaux de la rivière, moulins fortifiés dont les meuniers eurent autrefois à défendre le grain et que l'on rencontre encore en

Guyenne, l'un barrant les eaux de la Gamage, à Blasimont, l'autre sur la Gelise, à Barbaste, et le moulin d'Henebou, à Saint-Jean-Poutgé.

D'autres, comme celui que bâtit, en 1347, Jean d'Entremeuse, à Charleville, sottement réparé à la fin du siècle dernier. Ce moulin banal, admirablement placé, fait partie intégrante de la ville si heureusement tracée et construite par Charles de Gonzagues.

Puis ce sont les moulins des bords de l'Aven, de la Nonette, de l'Ailette, qui ont conservé, suivant leurs moyens, les noms typiques de moulin au petit sac, de pays, ou à façon. Ailleurs, nous voyons ceux où le vent seul actionne la meule, moulins bâtis sur les remparts ou plantés sur des endroits choisis des grandes plaines de Sologne, de Beauce et de Flandre, construits généralement en bois, pivotant sur eux-mêmes pour prendre le vent ; quelquefois en pierre et brique dont les toits seuls sont mobiles, établis sur un socle solide, et dont j'ai vu disparaître un grand nombre dans les plaines de l'Artois, moulin en briques d'Arquève, moulins de bois aux parements d'ardoises de Foncquevillers, de Colincamps ou de Mailly-Maillet, qui volèrent en éclats sous les coups répétés de stupides artilleurs ennemis acharnés à leur destruction, et dont il ne reste plus aujourd'hui que le bois calciné, fiché en terre de loin en loin donnant l'aspect, hélas trop vrai, d'un cimetière de géants planté de croix immenses.

Et les moulins à un ou deux étages que les perfectionnements de la mécanique permirent d'édifier sur les bords de maintes rivières : la Marne, l'Eure, le Grand Morin ; sur la Seine, le superbe moulin de Maisons, bâti par Mansard, fut malheureusement démoli à la fin du siècle dernier.

Puis, peu à peu, quittant nos campagnes, ils vinrent s'installer aux portes de nos grandes villes, recherchant la voie ferrée plutôt que l'eau ou le vent ; de proportions immenses, avec leurs silos démesurés et leurs élévateurs puissants, ils allongèrent la liste déjà trop longue des bâtiments utilitaires malheureux pour l'esthétique de nos villes. Leurs formes sont trop sensiblement les mêmes que celles des Flour-Mill de Pillsbury, Port-Colborne, Medicine-Hat, aux États-Unis; ou de Shangaï et Tatabayeshi ou de Millerowo en Chine, au Japon ou dans le pays du Don.

Il est permis de regretter que ceux qui, en France, construisent ces minoteries modernes, négligent le souvenir des constructions faites par Ledoux, architecte des Fermiers Généraux, et semblent ne pas connaître ses projets pour les salines de Chaux. Ils y auraient trouvé maints exemples où le grandiose se concilie admirablement avec les règles immuables de notre architecture.

MOULIN DU PONT DE PIRMIL A NANTES

USINE SUR LE BORD DE LA CHARENTONNE

LE MARCHÉ A MONTRÉJEAU (PAYS DE COMMINGES)

CHAPITRE ONZIÈME

Bâtiments industriels et utilitaires

IL est temps que cesse cette opinion erronée que les façades d'une usine, d'un entrepôt ou de tout autre bâtiment industriel ou seulement utilitaire, ne peuvent avoir un caractère architectural et doivent être forcément laides.

La simplicité des lignes et l'harmonie des proportions (peut-être difficiles à établir) ont, de tout temps, fait pour la beauté d'un édifice plus que tous les détails oiseux et inutiles qui ne font qu'accuser la pauvreté de son architecture. Combien de bâtiments utilitaires, qui déshonorent les abords des jolies villes, pouvaient être traités sans laideur et nous choqueraient moins si leurs plans et leurs façades avaient été confiés ou soumis à des architectes qualifiés; si les terrains sur lesquels ils s'élèvent avaient été judicieusement choisis et si les municipalités n'avaient accordé le permis de bâtir qu'en imposant aux demandeurs certaines plantations d'arbres à une distance déterminée de leurs bâtiments ou de leurs murs de clôture.

Il faut, dans l'avenir, que ce contrôle indispensable soit exercé par nos architectes régionaux officiels, aidés des membres des sociétés artistiques locales; cette collaboration permettra de procéder, sans heurts et sans bouleversements, aux transformations et au développement des constructions industrielles que nécessitent les besoins nouveaux.

Ceci n'est pas impossible, puisque dans certains pays étrangers, de nombreux exemples nous donnent raison. En France, l'Hôtel-Dieu de Pontoise, souvent attribué à tort à Fontaine, ne gâte en rien l'aspect de sa petite ville natale; les filatures édifiées, vers 1830, sur les bords de la Rille, de l'Eure, de la Charentonne, n'enlaidissent pas leur vallée et les moulins, placés à toutes époques sur nos plaines ou nos cours d'eaux, n'ont jamais abîmé un paysage.

Les piliers à l'entrée de Crépy-en-Valois, ceux des allées du Parc, à Dijon, ceux de Gournay-en-Bray et de Magny-en-Vexin, "le mur murant Paris" qui "rend Paris murmurant", aujourd'hui détruit, et que nous ne connaissons, en dehors des quelques rares portes qui subsistent, que par les gravures ou les sépias de Palaiseau, donnaient aux voyageurs arrivant en ville une opinion favorable bien différente de celle qu'inspirent aujourd'hui les sordides baraques de nos octrois avec leurs grilles dépendues, leurs lamentables auvents aux vitres brisées.

Pourquoi tolère-t-on l'existence du petit bâtiment dont la disparition fut tant de fois annoncée et qui, aujourd'hui encore, reste accroché au chevet de Notre-Dame-de-Paris? Les magasins généraux étalés à Bercy le long de la Seine, les édicules de toutes sortes aux inscriptions souvent choquantes, que viennent mettre bien en relief la multiplicité des affiches coloriées? Les entrées du Métropolitain, établies sur la place de l'Étoile, et qu'une balustrade eût avantageusement et viendra, je pense, un jour remplacer?

L'installation des relais, la plantation des poteaux en ciment armé qui sillonnent nos routes pour porter les fils transmettant la force électrique indignent justement les gens de goût qui, demandant aide et protection pour la défense de nos cités et de nos campagnes, mériteraient, je pense, des égards semblables à ceux que l'on accorde si facilement aux groupements corporatifs et sociaux.

LES HALLES A ARPAJON

LA MAIRIE-ÉCOLE A FÉPIN (ARDENNES)

FERME EN PLAINE (SOISSONNAIS)

CHAPITRE DOUZIÈME

Sur la Manière d'obtenir un Résultat

C'EST *pour prévenir ces cas généraux et particuliers que le besoin d'une loi se fait sentir, qui agisse rapidement et nettement, nous donnant toute garantie de protection pour les choses du passé et d'exécution pour celles de demain. La loi qui nous est offerte me paraît incomplète, car elle ne vise que certaines localités dont la classification est faite suivant des considérations de population et de situation, à l'exclusion de villages, hameaux, bâtiments* agricoles ou industriels, isolés dans les champs, que, jusqu'à ce jour, rien ne protège contre le fait d'initiatives privées et collectives ou des entreprises spéculatives qui peuvent, sans contrôle et suivant leurs besoins, enlaidir un site, un village et même une contrée entière.

C'est par le travail des commissions que doivent être atteints les buts de la loi concernant les plans d'extension et d'aménagement des villes, adoptée le 28 mai et le 1ᵉʳ juin 1915 par la Chambre des Députés.

La composition de ces commissions, quoique incomplète, est acceptable; ce qui est défectueux, c'est le choix des fonctions qui leur sont attribuées.

Ceux qu'on appellerait à composer des programmes, à établir ou approuver des plans et contribuer à leur réalisation, sont ceux-là mêmes qui, depuis des années, appartiennent à des services généraux, préfectoraux, départementaux ou communaux, dans les ponts et chaussées, les beaux-arts ou diverses autres administrations publiques. Ce sont ceux-là qui, responsables de leur service, ont laissé et laissent encore agir sans ordre, sans désir de tenue, les individualités, les sociétés de spéculation, les municipalités quelquefois insouciantes.

Ce sont ces chefs de services qui, négligeant de faire respecter les lois, décrets ou règlements en vigueur, dont l'application les eût aidés tout au moins à protéger nos cités et nos campagnes, ont négligé aussi de faire bénéficier la France des progrès réalisés dans les pays étrangers, malgré que maintes fois le concours et l'appui des municipalités ou comités locaux leur eussent été spontanément acquis. Ils ont laissé et laissent chaque jour s'établir aux portes de Paris et des villes de province, des agglomérations nouvelles qui, non seulement sont bâties sans aucune préoccupation d'hygiène, mais sans aucun plan d'ensemble, pour le plus grand dommage de leurs habitants. De ce fait, les collines et rivières qui formaient une ceinture de verdure et de fraîcheur autour des cités : Issy,

Suresnes, Billancourt, Charenton, pour ne citer que les abords mêmes de Paris, sont devenues aussi inhabitables que peu pratiques. Les voies de communications, les transports et les services généraux y ayant été établis sans méthode et au jour le jour.

Si nous comparons ces quartiers nouveaux et ces environs immédiats de nos grandes villes, à ceux des villes de l'étranger où de nombreuses missions municipales ou autres se sont fréquemment rendues pour les étudier, nous voyons qu'aucune amélioration susceptible d'être signalée n'en est résultée et nous constatons que ces comparaisons ne sont pas à notre avantage.

Maintenant qu'ils seront couverts par l'anonymat des commissions, pourrons-nous espérer d'eux et de leurs services un plan de travail meilleur?... Je ne le crois pas. Nous ne devons cependant ni négliger, ni nier leurs compétences, mais leur assigner un rôle différent de celui qu'ils ont tenu jusqu'à ce jour et que leur laisserait la loi en question.

Faisons d'eux les facteurs nécessaires à la réalisation de nos projets, mais non les initiateurs; et demandons à d'autres personnalités de collaborer avec eux et d'établir des projets. Instituons à cet effet un comité local d'études pour chaque département où nous trouverons, à côté des autorités compétentes, des hommes d'esprit distingué appartenant aux lettres, aux arts, aux sciences et ayant, par leurs œuvres, témoigné de leur connaissance de la contrée et de l'intérêt qu'ils lui portent dans son passé, dans son présent et son avenir.

SAINT-JEAN-AUX-BOIS (VALOIS)

PAGE 60

LA COLONNADE DU LOUVRE

ÉGLISE DE VAUCLUSE

CHAPITRE TREIZIÈME

Quelques Noms dans l'Histoire

AINTES fois des groupements indépendants, des hommes qui ne s'étaient pas spécialisés dans ces questions, ne sortant d'aucune école, ne relevant d'aucune administration, ont su établir des programmes parfaits, en diriger les travaux et en assurer l'exécution.

Ils surent aussi révéler et expliquer la beauté de certaines architectures délaissées et protéger de la ruine, ou de la pioche, des monuments dont la conservation de certains fait aujourd'hui encore notre gloire, et dont la disparition d'autres nous laisse un regret.

C'est Raphaël, à qui Léon X donne la direction effective des travaux d'architecture et d'embellissement de Rome. C'est Peruzzi, peintre de Sienne, mandé comme tel à Rome, qui construit la villa immortalisée plus tard sous le nom de "Farnesine".

Louis XIV nomme son peintre Charles Lebrun "ordonnateur général des travaux de la couronne", tâche immense que celui-ci remplit superbement pendant vingt années; sait-on que c'est à lui que nous devons les chapiteaux de la colonnade du Louvre?

Claude Perrault, médecin, membre des plus actifs de l'Académie des Sciences, que rien ne semblait destiner aux travaux d'architecture, s'y adonne avec ardeur, étudie et traduit les livres de Vitruve; il construit à Paris l'Observatoire et nous donne l'admirable arc de triomphe du Trône dont la ville de Paris fit faire, en 1670, une maquette en plâtre, grandeur réelle, qui ne fut malheureusement pas suivie d'exécution. (Ce modèle fut démoli en 1716.)

En 1664, lorsqu'il s'agit d'agrandir et de terminer le Louvre, Colbert, mécontent des projets de l'architecte Le Vau, projets qu'il jugeait mesquins et indignes de ses idées de magnificence, institua un concours public, où le projet présenté par Claude Perrault reçut tous les suffrages. Mais le roi indécis désira consulter le Bernin. Il lui écrivit de sa main, l'invitant à venir en France. Notre ambassadeur à Rome établit une négociation en règle pour obtenir cette faveur. Le cavalier Bernin fut reçu à la Cour comme on y recevait les princes du sang; le propre maître d'hôtel du roi, M. de Chanteloup, parce qu'il parlait italien, lui fut envoyé et reçut l'ordre de l'accompagner pendant tout son séjour dans la capitale.

Tant d'enthousiasme ne prévalut pas cependant contre le talent de Perrault dont les dessins furent adoptés et exécutés, et Voltaire, dans son discours sur l'Envie, put écrire ceci :

« A la voix de Colbert, Bernin vint de Rome. Ah ! dit-il, si Paris renferme dans son sein des travaux si parfaits, un si rare génie, fallait-il m'appeler du fond de l'Italie ! »

Charles Perrault, frère du précédent, auteur des contes de Ma Mère l'Oye, qui fut désigné par Colbert pour " déterrer les hommes à talents afin de n'en laisser aucun sans appui et sans récompenses ", passa premier commis de la surintendance des bâtiments et fut nommé contrôleur général. Il prit part aux travaux de son frère et, dans ses mémoires, nous affirme même que la pensée du péristyle du Louvre est de lui, son frère « n'ayant fait que l'embellir en l'exécutant ».

Voltaire, en nous disant que les magistrats municipaux devraient être animés par le zèle et éclairés par le goût, ajoute : « S'il y avait deux ou trois prévôts des marchands comme le président Turgot, on ne reprocherait pas à la ville de Paris cet hôtel de ville mal construit et mal situé, cette place si petite et si irrégulière, ces rues si étroites, dans les quartiers fréquentés. »

Hubert Robert, qui ne se complaît pas seulement dans l'interprétation des ruines italiennes, laisse de beaux projets d'architecture. A Versailles, au milieu du jardin anglais tracé par lui, en faisant élever la grotte d'Apollon, il donne au groupe de Girardon et Regnaudin un cadre inattendu, extrêmement décoratif.

Washington trouve, dans les armées de La Fayette, un soldat : le major Lenfant, qui, en 1791, trace avec tant de justesse et de prévoyance le plan de la capitale des États-Unis, que les architectes américains les plus capables et les plus réputés reconnaissent que le développement de la ville doit se faire aujourd'hui suivant les directives données il y a plus d'un siècle.

C'est à une commission dont firent partie des peintres et des sculpteurs que la Convention donne mission d'établir un plan de Paris, plan qui fut en partie suivi jusqu'à nos jours; il nous est connu sous le nom de "Plan des Artistes". Nous lui devons la rue de Rivoli, l'avenue de l'Observatoire et plusieurs ponts, dont celui d'Iéna, qui porte aujourd'hui encore, rouillées et délabrées, ses passerelles provisoires accolées en 1900.

Victor Hugo, soutenu par Montalembert, obtint que l'on s'occupât de la restauration de Notre-Dame de Paris; Ludovic Vitet, journaliste et historien, sur la présentation de Guizot, fut nommé par le roi Inspecteur Général des Monuments Historiques.

Mérimée fut pendant trente-trois ans Inspecteur Général des Monuments Historiques et contribua de toute son autorité à la conservation et à l'entretien d'anciens édifices français, soutenant que les fonds des monuments historiques ne devaient être considérés que comme un encouragement " aux communes et aux départements, " et ajoutait que « presque toutes les communes s'associent avec empressement à l'exécution des travaux dont elles comprennent l'importance ». Et l'on rappelait, ces jours derniers, qu'il obtint un jugement condamnant le maire de Vaucluse à une amende de 175 francs pour avoir fait badigeonner à la chaux le clocher de son église, ce qui n'empêchait pas Mérimée, cette même année (1859), de nous donner Colomba; mais quelles sanctions aurait-il demandées contre l'établissement, au pied de ce clocher, de l'affreux bâtiment qui, sous l'enseigne de "Pétrarque et de Laure", s'intitule restaurant.

Puis ce fut le baron Haussmann qui, administrateur et homme politique, a employé son infatigable volonté à des transformations nombreuses de Paris, à la création de ses parcs.

Et Versailles, sauvé par Bonaparte d'une destruction projetée, tiré de l'oubli par Louis-Philippe, occupe souvent la pensée des poètes.

Si Musset romantique, sans le comprendre n'y voit qu'un

"ennuyeux parc", Samain, plus attentif, se laisse émouvoir et plaint sa tristesse et son abandon :

> Comme un grand lys, tu meurs noble et triste, sans bruit ;
> Et ton onde épuisée au bord moisi des vasques
> S'écoule, douce ainsi qu'un sanglot dans la nuit.

Henri de Régnier, subissant le charme puissant du plus beau des palais dans le plus beau des parcs, le fait, par la magie de ses vers, renaître « Cité des Eaux ».

LA PYRAMIDE A VERSAILLES

LE LOING A MORE

NOTRE-DAME DE PARIS, VUE DE St-JULIEN-LE-PAUVRE

CHAPITRE QUATORZIÈME

Quelques Artistes, quelques Poètes

ILLE-D'AVRAY, Barbizon, Gretz, Cernay, Vétheuil, Giverny, pour ne parler que des environs de Paris, évoqueraient-ils en nous des impressions si précises sans ce que nous en ont fait connaître Corot, Millet, Charles Daubigny, Jules Dupré, Pelouse, Claude Monet, tous peintres sincères, attachés aux horizons qu'ils peignaient, fidèles amis des villages où ils venaient vivre et dont ils nous ont laissé les impressions si claires des jours de mai, si colorées des midis de l'été, si mélancoliques de l'automne et si blanches, si tristes des paysages dénudés de l'hiver.

Hégésippe Moreau nous fit connaître la Voulzie et nous la fit aimer; Chateaubriand, Balzac, George Sand, Barbet d'Aurevilly, nous dirent tout le charme de Saint-Malo, des villages tourangeaux, de Nohant, de la Creuse, du pays de Coutances; Brizeux, " sa terre de granit couverte de chênes", et Daudet et Mistral, leur Provence.

Ne devons-nous pas à des artistes ou à des groupes d'amis des arts de conserver dans Paris quelques arbres, quelques maisons, quelques coins pittoresques. A l'angle de la rue du Figuier et de celle du Fauconnier, le précieux petit hôtel de Sens devait disparaître ou servir de dépôt de matériel municipal : " les Amis de Paris" l'ont sauvé.

Henner a dû longtemps lutter pour que soient laissés à la place Pigalle l'acacia et la vasque qu'il abrite, et qu'un laid monument devait venir remplacer.

Harpignies défend et sauve, vis-à-vis de son atelier, un arbre, tache de verdure dans cette rue Coëtlogon si quelconque.

Ce sont des groupements désintéressés qui, les premiers, à Paris, ont appelé l'attention des Pouvoirs publics sur la surélévation de certaines maisons des rues de Rivoli, de Castiglione et ont pu obtenir l'interdiction de telles transformations dans d'autres quartiers, et notamment place des Vosges, où la symétrie heureuse des façades était menacée.

C'est à eux encore que nous sommes redevables de la conservation des arbres et de l'espace libre autour de l'église Saint-Julien-le-Pauvre. Mais nous ont-ils été laissés de bonne grâce et les garderons-nous?

Nous devons aussi notre gratitude à ceux de nos compatriotes que l'intérêt voué à leur pays d'origine ou d'adoption a amené à y créer, de leurs propres ressources, un musée où ils réunirent maints objets d'art, fragments d'archéologie, gravures et archives de la contrée.

C'est dans le cadre renaissance des hôtels Lallemant et Cujas que nous les rencontrons à Bourges; au Mans, c'est dans la maison de la reine Bérangère; à Nancy, c'est dans l'ancien palais ducal que sont soigneusement classées les collections lorraines; à Beauvais, au pied de la cathédrale, dans un petit cloître paisible, sont rassemblés maints vestiges du Vexin et de l'Ile-de-France; ceux intéressant le Plateau Central seront bientôt réunis dans la "Maison des Architectes", à Clermont-Ferrand.

A Pontoise, c'est dans un hôtel du XVe siècle que M. Tavet rassemble toutes les curiosités régionales groupées par ses soins.

A Orléans, un simple prêtre recueille et expose, avec un goût parfait, dans la maison dite d'Anne de Poitiers, les pièces remarquables de sa collection.

Mistral laisse à Arles, dans un beau vieux bâtiment, le musée Arlaton, plein de documents et de souvenirs locaux.

LA RUE COËTLOGON A PARIS

LES FORTIFICATIONS DE BAYONNE

LES REMPARTS D'ANTIBES

CHAPITRE QUINZIÈME

Ce qu'il importe de faire cesser

ENDANT que les artistes éveillaient en nous la curiosité de ces petites patries et nous amenaient à en subir le charme, ils faisaient davantage encore pour les défendre contre le vandalisme, quand leur intervention isolée restant insuffisante, ils groupaient des amis, formaient des comités dont l'activité et l'énergie

triomphaient quelquefois de l'incurie et de la mauvaise volonté.

Dans nos campagnes, malgré les avertissements, pétitions et démarches, combien de jardins, de berges, d'îles, de chemins dont les rives et les abords ont été saccagés, dont les arbres furent abattus sans ménagements et sans souci des paysages.

Dans maintes de nos villes, combien de quartiers qui avaient conservé intacte leur physionomie d'autrefois, dans nos provinces, combien de forêts, de domaines, dont nous pouvions nous montrer jaloux, furent abandonnés à leur sort, puis, pour n'avoir pas été protégés à temps, livrés à des spéculateurs.

Que de jolies vieilles églises de campagne se sont écroulées ou ont été démolies faute d'entretien, faute quelquefois de quelques tuiles à remplacer qui auraient protégé une voûte dressée depuis des siècles et, qu'en peu de temps, la pluie, la neige ou le gel ont fait s'effondrer.

Jusque dans ces dernières années, il était permis aux services du génie militaire de transformer les bâtiments dont ils devaient assurer la conservation, d'y construire et d'y démolir sans contrôle.

Aujourd'hui, la charge d'entretien seule leur est laissée, et même partiellement, ceci pour empêcher, dans l'avenir, de telles déprédations dont ont été victimes des monuments comme l'Hôtel des Invalides, l'École Militaire, l'École du Val-de-Grâce, les grandes et les petites écuries de Versailles et tous les bâtiments mis à la disposition de la Guerre et de la Marine où les sapeurs pouvaient se livrer à toutes sortes d'embellissements regrettables ou témoigner d'une indifférence coupable.

La liste est longue des dommages subis par nos propriétés nationales et nous pouvons nous en rendre compte en consultant les bulletins des monuments historiques; c'est Saint-Nicolas de Caen; Saint-Paul à Besançon, c'est Angers, Vincennes et Avignon, dans le palais commencé en 1337, par Pierre Poisson, pour le pape Jean XXII.

De même certains ouvrages de fortifications (d'une utilité maintenant contestée), mais dont les fossés, les glacis et les réduits de place d'armes pouvaient être transformés en jardins ou promenades publiques.

Les vieilles murailles, les courtines, les poternes et leurs défenses accessoires, tous ces vestiges, exemples des théories enseignées à l'École de Génie de Mézières, eussent permis des réalisations d'ensemble fort intéressantes.

Il nous eut été facile d'y réussir, et ce qu'a fait William Parsons, dans la ville de Manille, pouvait être aisément renouvelé dans la citadelle de Mézières, à la Fère, à Maubeuge, à Bayonne.

Dans le Midi, on a laissé démanteler Antibes, Embrun, en partie Bayonne, Perpignan. En Provence, rompre les remparts d'Avignon, dans les Pyrénées, à Saint-Jean-Pied-de-Port, où le mur d'enceinte reste intact, nulle place n'a été trouvée plus appropriée que le faîte d'une porte de la petite ville, pour y installer, de façon bien apparente, une affreuse cabine en briques qui reçoit les câbles électriques de force et de lumière; à Bordeaux, la porte d'Aquitaine est mutilée; on ne fit pas respecter l'unité et la belle tenue des façades des quais, pas plus qu'à Nantes on ne défendit l'île Feydeau. Aucune mesure préventive n'était prise pour arrêter l'envahissement des flots aux Saintes-Maries-de la Mer.

Au mont Saint-Michel, rien n'est tenté pour faire cesser l'ensablement, tout fut permis, par contre, à ceux qui voulurent bâtir à leur guise et déshonorèrent, dans un but commercial, le village groupé au pied de la "Merveille".

Amiens ne doit la conservation de son théâtre qu'à l'intervention d'un homme de lettres indigné... Faut-il aussi rappeler la restauration du théâtre de Nancy, l'escalier du palais de justice de Rouen?

Si les projets récents de viabilité menaçant l'île Saint-Louis ne se sont pas encore réalisés, ne le doit-on pas aux protestations qui s'élevèrent de toutes parts, grâce aux indiscrétions heureusement commises par la presse ?

C'est à la presse encore que nous devons de conserver le château de Maisons, Bagatelle et l'hôtel Biron dont Rodin s'était fait le défenseur.

Pendant que les administrations et services intéressés osaient mutiler l'œuvre de Jules Hardouin-Mansard, en l'espèce, la place des Victoires, « due en partie à la reconnaissance d'un seul citoyen pour son roi et que, par un contrat de substitution d'une partie de ses biens, le duc de la Feuillade avait cru assurer d'une éternelle durée », ils permettaient l'établissement d'une gare sur l'esplanade des Invalides, d'une usine dans la cour même du Palais-Royal, toléraient la construction de maints édifices déshonorants sur nos promenades publiques, ils laissaient élever des quartiers nouveaux dont les voies trop étroites et les maisons trop hautes sont les preuves d'une ignorance artistique profonde et nous montrent que le souci des intérêts du spéculateur prime tous les autres.

Combien de fois les chefs des administrations dont relèvent nos monuments, étant mal secondés, ne furent pas appelés à se prononcer sur l'engagement des dépenses strictement nécessaires à l'entretien décent d'innombrables petites églises ou édifices divers qui ne relevaient pas des monuments historiques et dont beaucoup auraient pu y figurer honorablement.

Dans combien de cas ont-ils laissé voler des fragments d'architecture ou des objets d'art dont ils ignoraient la valeur et quelquefois même l'existence. Combien de toits furent laissés en mauvais état, de baies sans glaces, de fers et de bois admirablement travaillés laissés sans peinture, et que d'échoppes voyons-nous encore accolées à des monuments dont elles dégradent les murs, que de concessions d'affiches sont consenties en des endroits fâcheux, pour de maigres loyers.

On ne trouve pas de crédits suffisants pour débarrasser le chef-d'œuvre de Gabriel, le plus parfait des monuments français du XVIII⁰ siècle, de ses innombrables cheminées qui déshonorent la place de la Concorde; non plus que pour exproprier et jeter bas maintes constructions qui étouffent et cachent des monuments intéressants, que remplaceraient avantageusement des jardins ou des espaces libres aménagés dans un style approprié.

Mais on trouve les millions par dizaines lorsqu'il s'agit de payer cher une Imprimerie Nationale, d'écraser l'église de l'Assomption, rue Cambon, et d'entreprendre d'interminables travaux d'intérêt discutable».

LA CITADELLE A MÉZIÈRES

SENLI.

CATHÉDRALE D'ARRAS (1915)

CHAPITRE SEIZIÈME

Comment pourraient être conciliés divers Projets

AINTENANT que, par le fait de l'ennemi, nous sentons douloureusement la perte de plusieurs de nos chefs-d'œuvre et que d'admirables monuments il ne nous reste que des ruines ou seulement un nom, nous devons garder plus jalousement ceux qui subsistent; c'est donc un devoir sacré pour nous de confier à des hommes avertis le soin de veiller sur notre patrimoine.

Pendant une époque aussi bouleversée que la nôtre, en 1793, le citoyen Grégoire, évêque constitutionnel, en même temps qu'il contribuait à la fondation de l'Institut et du Conservatoire des Arts et Métiers, disait à la Convention, dans son rapport sur le vandalisme et le moyen de le réprimer : « La dilapidation exercée par l'intrigue et l'égoïsme dont les travaux publiés sont notoires, le moyen de les faire cesser est de confier ces travaux à des mains habiles et honnêtes. Les législateurs ne doivent pas craindre que l'artiste proprement dit s'assimile jamais à l'homme sans foi. Et le Jury des Arts va désigner ceux qui sont vraiment dignes de ce nom. Il s'ensuit donc qu'il importe essentiellement au bien général de ne confier les travaux publics qu'à ceux désignés par le Jury et tirés de cette préjudiciable obscurité dans laquelle les menées de l'intrigue ou leur modestie particulière les avaient relégués. Voilà, citoyens représentants, le vœu de la Société Républicaine des Arts. »

Nous ne devons pas hésiter aujourd'hui devant le choix de ceux avec lesquels nous étudierons, conserverons et rebâtirons les "décors de la vie", suivant la jolie définition de Léandre Vaillat.

Ceux que nos champs, nos bois, nos pierres, ne laissent ni insensibles, ni indifférents, ceux-là, unis à des techniciens, feront œuvre utile dans un Comité local d'études, dont le but serait :

1° D'établir un plan indiquant toutes les modifications, démolitions et constructions nécessitées par les besoins d'extension et de trafic, de circulation ou d'hygiène, et susceptibles de mettre en valeur aussi bien un édifice artistique que l'aspect d'une place, d'une promenade, d'une rue ou d'un paysage.

2° Énumérer les monuments devant être classés, transformés ou construits, soit qu'ils appartiennent à l'administration, à l'enseignement, aux œuvres d'hospitalisation ou aux cultes;

ceux d'un usage public : gares, marchés, salles d'exposition, de théâtre ou de fêtes, établissements d'hydrothérapie, gymnases, les monuments décoratifs, commémoratifs et utilitaires.

Étudier la création de voies nouvelles, aménagement des îles ou berges, s'il y a fleuve ou cours d'eau, création d'espaces libres, terrains de jeux, promenades publiques.

3° Prendre des résolutions permettant aux commissions supérieures l'élaboration des décrets ou règlements déterminant les principales servitudes qui fixeront les rapports entre les constructions et les espaces non bâtis, l'alignement, les modes de clôture, les hauteurs de façades et toutes autres considérations d'esthétique, d'architecture et d'entretien auxquelles seront soumises les constructions à quelque administration ou individualité qu'elles appartiennent et se trouvant le long ou en dehors des voies publiques ou privées.

Demande des mesures de protection contre l'installation d'industries et d'établissements qui seraient de nature à porter préjudice au voisinage; contre les enseignes, les affiches; contre le mauvais entretien des terrains, des clôtures et bâtiments.

Mais l'étude des services souterrains, égouts, canalisations d'eau, de gaz, force électrique, les questions d'expropriation, acquisitions ou échanges, les devis estimatifs seront joints au projet par les services compétents, ou, ainsi que le demande le projet de loi, à la commission technique réunie à chaque préfecture, qui transmettra le projet ainsi complété aux commissions interministérielles qui lui donneront légalement et financièrement la possibilité d'une réalisation.

Ainsi complété, le projet reviendra à nouveau pour sa mise en œuvre et son exécution partielle ou totale, selon que des ressources suffisantes permettront une réalisation immédiate ou échelonnée, aux commissions techniques qui, composées comme le prévoit la loi Cornudet, nous donnent toutes garanties de réalisation possible et convenable des projets élaborés par les commissions locales d'études.

L'institution de ce comité local d'études est des plus simples, chacun de ceux appelés à en assurer le fonctionnement s'y emploiera d'une façon complète, surtout s'il a l'assurance que les études qu'il fera, les idées qu'il discutera et le temps qu'il consacrera, serviront efficacement.

Je crois que les commissions établies depuis le début des hostilités dans les différents ministères ont assez clairement prouvé que ce n'était pas autour d'un tapis vert, avec, d'un côté L'administration, ses chefs de services surchargés de besogne, et, de l'autre, des personnalités politiques souvent changées, que des questions intéressantes pouvaient se résoudre, ni qu'un résultat appréciable pouvait être atteint.

Ces commissions et leurs sous-commissions, composées d'hommes étrangers aux régions en cause, que leur ignorance des conditions locales obligeaient de maintenir la discussion sur des questions purement générales, ne prirent aucune décision susceptible de préparer la réorganisation des régions libérées.

Les institutions qui fonctionnent depuis la fin de 1914, et assurèrent le retour des réfugiés en Prusse orientale après la bataille des lacs de Mazurie en février 1915, ont travaillé à l'établissement des lois, à la répartition des travaux, à la reconstitution, à l'élaboration et l'exécution de projets et de plans aujourd'hui réalisés.

Ce que nous savons des résultats obtenus doit nous conduire à les considérer avec attention.

Mais il importe d'agir avec célérité, car les habitants de la zone de guerre, restés chez eux ou autorisés à y rentrer, s'emploient hâtivement de leur mieux, soit de leurs propres moyens, soit à l'aide de prêts ou de dons, à réparer partiellement ou à reconstruire leurs bâtiments.

De même, sous l'impulsion de chefs actifs, les soldats pendant leurs séjours dans les cantonnements dits "de repos" ont pu quelquefois, sur des plans réguliers, bâtir avec méthode des maisons de type extrêmement simple (la reconstruction actuelle du village de Jussy, sur le canal de la Somme à l'Oise en est un des exemples les plus frappants), ou bien en réparer d'autres avec des moyens de fortune — maisons qui, pour bien des gens, seront jugées très habitables — et je crois qu'il sera difficile, sous prétexte d'alignement, de salubrité ou d'esthétique, de les démolir après en avoir expulsé les occupants qui, fatigués par des années de souffrances et de misère, seront venus s'y réfugier. Nous aurons donc à déplorer, dans nos provinces de "la Somme aux Vosges", l'établissement d'une ligne de villages rappelant ceux qui couronnent les crêtes des contreforts de la Djurdjura.

RUE A JUVIGNY (AISNE)

LE VILLAGE D'ELNE (ROUSSILLON)

LA MAIRIE A URRUGNE (PAYS BASQUE)

CHAPITRE DIX-SEPTIÈME

Des Exemples à donner, des Exemples à étudier

ANS la petite ville ou le village, si les édifices qui ne peuvent être élevés sans le contrôle du département ou des administrations auxquels ils se rattachent, hôtel de ville ou mairie, monuments religieux, école, bureau de poste, tribunal, gendarmerie, hospice, octroi, marché, fontaine, lavoir ou tout autre bâtiment d'intérêt public, sont de suite et contrairement aux instructions et plans types actuellement en vigueur, étudiés en vue d'une construction faite avec méthode et goût, selon les coutumes, les nécessités et les traditions du pays, avec des matériaux propres à la contrée (ce qui est parfaitement conciliable avec l'emploi de matériaux nouveaux, l'adjonction des principes et d'éléments de style moderne), il sera facile après d'exiger de ceux qui viendront rebâtir qu'ils adoptent une architecture en harmonie avec ces constructions types.

Constituons, à cet effet, les comités d'études, sans attendre le vote de la loi et la formation des commissions qu'elle projette.

L'État et les communes pourront alors aisément, ayant donné l'exemple, créer des servitudes locales et préciser les obligations de chacun, sans léser les intérêts respectifs des propriétaires.

Nos villages, ainsi conçus, garderont la physionomie particulière aux traditions régionales, qu'ils soient en Ardennes, en Artois, dans le Soissonnais, l'Alsace ou la Lorraine. Jean de Bonnefon, dont on sait le goût sûr en la matière, disait tout récemment le charme d'un village ancien : « Ses maisons heureusement groupées, ses fenêtres rangées sans préméditation, sa place irrégulière... » Sachons conserver cet esprit à nos villages nouveaux, défions-nous des plans, qui, sous une étiquette de modernisme, n'emprunteraient leurs lignes qu'à l'équerre et au compas.

Demandons et obtenons que pour l'agrandissement ou la réfection de chaque village ou bourg, les études établies tiennent compte des accidents de terrain; que pour épargner et conserver de beaux arbres, soient détournés un chemin, une rue, une sente, que des perspectives soient ménagées; en un mot, que nos villages soient dessinés et plantés comme s'il s'agissait de parcs et de jardins. Mêlons à la nudité de nos façades immobiles la vie des arbres, le mouvement des branches et des feuilles.

Cette conception ne saurait nuire en rien aux aménagements des intérieurs et aux perfectionnements qui contribueront à donner un plus grand confort, une meilleure hygiène aux habitants. Ne craignons pas d'étudier à l'étranger des cités nouvelles, comme Leitchworth, Hampstead, Hopedale, en Angleterre, Forest-Hill, Indian-Hill, aux États-Unis, leurs parcs, comme ceux de Kansas-City, et sachons nous en inspirer, car tous les problèmes de viabilité, d'esthétique et d'hygiène, les installations de lumière, d'eaux, de forces et autres services y sont très ingénieusement et très complètement résolus.

D'heureux résultats n'ont-ils pas couronné les efforts faits au Touquet.

Surtout, laissons aux villes anglaises leurs cottages, comme nous laisserons aux pays du soleil leurs pergolas, leurs terrasses, et aux pays du nord leurs grands toits et les murs épais que nos climats n'exigent pas.

Souvenons-nous que si les rues et les places de Jersey, de Gand, Bruges, de Berne et de Chester nous charment, c'est parce que leurs architectes et leurs municipalités ont su heureusement concilier l'imprévu et le pittoresque des architectures locales d'autrefois, avec les exigences et les nécessités d'une ville moderne.

Puisse l'Etat, rendant hommage à notre architecture nationale, encourager de tout son pouvoir ce noble effort et en faciliter l'exécution. Tous le suivront, car nous nous souvenons que c'est pour conserver le village et le clocher familier à nos yeux que chacun de nous a combattu, avec l'espoir de retrouver, dans son ombre douce, le calme que nous assurera le triomphe de nos armes.

Artois 1915

Paris 1917

ÉGLISE D'AUVERS-SUR-OISE

PLACE DE L'ÉGLISE A SAINT-CERNIN (CANTAL)

TABLE
DES
CHAPITRES ET DESSINS
CONTENUS DANS CE LIVRE

CHAPITRE CINQUIÈME
Les Églises dans nos Provinces

Pages

CHAPITRE SIXIÈME
Eaux courantes et Fontaines

CHAPITRE SEPTIÈME
La Maison au Village

CHAPITRE HUITIÈME
Les Bâtiments des Champs

CHAPITRE NEUVIÈME
Ponts et Passerelles

CHAPITRE DIXIÈME
Les Moulins pittoresques

CHAPITRE ONZIÈME
Bâtiments industriels et utilitaires

CHAPITRE DOUZIÈME
Sur la Manière d'obtenir un Résultat

CHAPITRE TREIZIÈME
Quelques Noms dans l'Histoire

CHAPITRE QUATORZIÈME
Quelques Artistes, quelques Poètes

CHAPITRE QUINZIÈME
Ce qu'il importe de faire cesser

CHAPITRE SEIZIÈME
Comment pourraient être conciliés divers Projets

CHAPITRE DIX-SEPTIÈME
Des Exemples à donner, des Exemples à étudier

TABLE DES CHAPITRES ET DESSINS

RUE A AMIENS

www.ingramcontent.com/pod-product-compliance
Lightning Source LLC
LaVergne TN
LVHW012209170726
843503LV00005B/1969